Workbook

100 EASY UKRAINIAN TEXTS

with Audio and Vocabulary (for Beginners)

Yuliia Pozniak

ABOUT THIS WORKBOOK

This is the workbook with exercises to complement your learning with the "100 Easy Ukrainian Texts with Audio and Vocabulary (for beginners)":

https://www.amazon.com/dp/B01M7RAMI9

Free Audio:

https://soundcloud.com/user-653508248/tracks

You can find the answers at the end of the workbook.

If you find these materials useful, please, support me with your feedback on Amazon. Thank you!

РОЗДІЛ 1: Я І МОЯ РОДИНА. MY FAMILY AND I

Answer the questions:

1) Як тебе́ зва́ти?
2) Скі́льки тобі́ ро́ків?
3) У те́бе є роди́на?
4) Яка́ у те́бе роди́на: вели́ка чи мале́нька?
5) У те́бе є брати́ чи се́стри?
6) Де ти живе́ш?
7) Зві́дки ти?
8) Де ти працю́єш?
9) Де ти вчи́шся?
10) У те́бе є твари́ни?

1. Insert the correct form of the possessive pronoun "my":

мій? моя? моє? мої?

1) _____ мі́сто
2) _____ роди́на
3) _____ ба́тько
4) _____ сестра́
5) _____ кі́шка
6) _____ пес
7) _____ ма́ти
8) _____ ім'я́
9) _____ друг
10) _____ по́друга

2. Insert the correct form of the verbs "жити"and "любити" into the Present Tense:

жи́ти (Present Tense)

я живу́	ми живе́мо
ти живе́ш	ви живе́те
він/ вона живе́	вони живу́ть

1) – Де ти _____? – Я _____ в Ки́єві.
2) Він _____ у Льво́ві.
3) Ми_____ по́ряд з метро́.
4) Вони́ _____ в Украї́ні.
5) Де Ви _____?

люби́ти (Present Tense)

я люблю́	ми лю́бимо
ти лю́биш	ви лю́бите
він/вона лю́бить	вони лю́блять

6) Чи _____ Ви мо́ре?
7) Я дуже _____ со́лодощі.
8) Що ти _____ роби́ти?
9) Він _____ ма́му.
10) Ми _____ вчи́тися.

3. Complete the sentences. Sometimes more than one variant is possible.

1) Я живу́...	а) ... в шко́лі.
2) Я вчу́ся...	б) ... в теа́трі.
3) Я купу́ю...	в) ... в університе́ті.
4) Я відпочива́ю...	г) ... в мі́сті.
5) Я працю́ю...	ґ) .... в крамни́ці.

РОЗДІЛ 2: МОЇ РЕЧІ. MY THINGS

Answer the questions:

1) Яки́й твій улю́блений ко́лір?
2) Що є у те́бе на столі́?
3) Що є у те́бе в су́мці?
4) Де ти купу́єш ре́чі?
5) Що ти купу́єш в книга́рні?
6) Що ти купу́єш в суперма́ркеті?
7) Ти губи́в ре́чі? Що ти губи́в?
8) Яка́ твоя́ адре́са?
9) Який твій но́мер телефо́ну?
10) Яка́ твоя́ електро́нна адре́са?

1. Translate into Ukrainian:

1) my book
2) his wallet
3) your (singular informal) money
4) her notebook
5) your (plural) computer
6) their documents
7) my backpack
8) our laptop
9) my bag
10) your (singular formal) pen

2. Put the adjectives in the correct form:

m	f	n	pl
блаки́тн**ий** зо́шит *blue notebook*	блаки́тн**а** су́мка *blue bag*	блаки́тн**е** не́бо *blue sky*	блаки́тн**і** зо́шити *blue notebooks*

1) (ціка́в**ий**) кни́га
2) (зеле́н**ий**) ча́шка
3) (важк**и́й**) рюкза́к
4) (вели́к**ий**) словники́
5) (жо́вт**ий**) гамане́ць
6) (улю́блен**ий**) фо́то
7) (дитя́**чий**) газе́та
8) (бі́л**ий**) оліве́ць

3. Answer the questions:

Model:
— Де лежи́ть твоя́ кни́га? (су́мка)
— Вона́ лежи́ть у су́мці.

1) Де лежи́ть твій гамане́ць? (кише́ня)
2) Де лежа́ть твої́ ре́чі? (валі́за)
3) Де він купу́є проду́кти? (суперма́ркет)
4) Де стаття́? *(Where is an article?)* (газе́та)
5) Де лежа́ть ключі́? (рюкза́к)

РОЗДІЛ 3: ЗАХОПЛЕННЯ ТА ЗАНЯТТЯ. INTERESTS AND ACTIVITIES

Answer the questions:

1) Що тобі подóбається робити?
2) Що ти любиш робити на вихідних?
3) Тобі подóбається подорожувáти?
4) Тобі подóбається ходити в кінó?
5) Якý мýзику ти слýхаєш?
6) Як чáсто ти пишеш листи?
7) Що ти рóбиш у п'ятницю?
8) У тéбе є вільний час?
9) Які мóви ти знáєш?
10) Якý мóву ти вчиш?

1. Write the verbs in the brackets into the present tense:

1) Я чáсто (танцювáти).
2) На вихідних він (читáти) книги.
3) Вонá дóбре (грáти) на гітáрі.
4) Ми щодня́ (бігати) у пáрку.
5) Мені подóбається (катáтися) на велосипéді.
6) Я зáраз (розмовляти) з дрýгом.
7) У неділю вони (ходити) в кінó.
8) Я (знáти) українську мóву.
9) Що ти (робити) зáвтра?
10) Ви чáсто (слýхати) мýзику?

2. Compose the sentences:

		читáти
		розмовл́ти з друз́ми
Врáнці	менí подóбається	слýхати мýзику
Вдень	я люблю́	писáти листи́
Ввéчері	менí не подóбається	ходи́ти в кінó
На вихідни́х		малювáти
	я не люблю́	вчи́ти мóви
		бíгати

3. Here is a schedule of Ганна and Петро. Tell about their week. Що вони роблять?

День ти́жня	Ганна	Петро
Понедíлок (Пн)	гітáра	англíйська
Вівтóрок (Вт)	робóта	футбóл
Середá (Ср)	бокс	університéт
Четвéр (Чт)	робóта	футбóл
П´я́тниця (Пт)	бокс	університéт
Субóта (Сб)	кафé з сестрóю	вечéря у бабýсі
Недíля (Нд)	вихідни́й	вихідни́й

РОЗДІЛ 4: МІЙ ДІМ. MY HOUSE

Answer the questions:

1) На яко́му по́версі ти живе́ш?
2) Скі́льки ві́кон у те́бе в кімна́ті?
3) Що ти ро́биш на ку́хні?
4) У те́бе є балко́н?
5) Скі́льки кімна́т в твої́й кварти́рі/ в твоє́му до́мі?
6) Яке́ твоє́ улю́блене мі́сце в кварти́рі/ в до́мі?
7) Які́ ме́блі є у те́бе на ку́хні?
8) У те́бе є ки́лим на підло́зі?
9) Де лежи́ть твій о́дяг?
10) Де стої́ть твій по́суд?

1. Find the suitable definitions:

1) ки́лим	а) лю́ди там готу́ють ї́сти
2) стіле́ць	б) там стоя́ть маши́ни
3) ку́хня	в) лю́ди там ми́ються
4) телеві́зор	г) лю́ди там спля́ть
5) гара́ж	ґ) лю́ди на ньо́му сидя́ть
6) две́рі	д) він лежи́ть на підло́зі
7) ва́нна кімна́та	е) їх мо́жна закри́ти або́ відкри́ти
8) спа́льня	є) лю́ди його́ ди́вляться

2. Find these 10 words:

диван, шафа, чашка, кімната, дім, тарілка, мило, гараж, рушник, крісло

п	р	о	т	а	р	і	л	к	а
к	у	д	д	н	а	г	в	д	н
т	ш	м	и	л	о	а	о	к	д
и	н	р	в	е	ч	р	н	д	а
в	и	ш	а	ф	а	а	и	і	х
і	к	с	н	у	п	ж	н	м	х
н	е	и	к	і	м	н	а	т	а
п	і	к	р	і	с	л	о	в	ч
у	ч	а	ш	к	а	а	г	н	е
с	у	п	е	р	к	л	а	с	о

3. Put the adjectives into the correct form:

1) (зручн**ий**) крісло
2) (стар**ий**) буди́нок
3) (за́тишн**ий**) кварти́ра
4) (декорати́вн**ий**) поду́шка
5) (споко́йн**ий**) мі́сце

РОЗДІЛ 5: МОЄ МІСТО. MY CITY

Answer the questions:

1) Ти живе́ш у вели́кому мі́сті?
2) Що є бі́ля твого́ буди́нку?
3) Що є в це́нтрі твого́ мі́ста?
4) Що є на око́лиці твого́ мі́ста?
5) У твоє́му мі́сті є аеропо́рт?
6) Яке́ твоє́ улю́блене кафе́?
7) Які́ ціка́ві місця́ є у твоє́му мі́сті?
8) Яки́й грома́дський тра́нспорт хо́дить в твоє́му мі́сті?
9) Що люди́ ро́блять на по́шті?
10) Де мо́жна купи́ти проду́кти?

1. Put a question to the sentences, using the question words Який? (m) Яка? (f) Яке? (n) Які? (pl) (What? What kind of?)

Model: Це старови́нні буди́нки.
　　　　Які́ це буди́нки?

1) Це ціка́вий фільм.
2) Це вели́кий аеропо́рт.
3) Це га́рна галере́я.
4) Це центра́льний парк.
5) Це різнокольоро́ві листі́вки.
6) Це відо́мий музе́й.
7) Це суча́сний буди́нок.
8) Це старода́внє мі́сто.
9) Це вузька́ ву́лиця.
10) Це мале́нька кав'я́рня.

2. Insert the correct form of the verbs "дивитися" into the Present Tense:

диви́тися (Present Tense)

я дивлю́сь	ми ди́вимось
ти ди́вишся	ви ди́витесь
він/ вона ди́виться	вони ди́вляться

1) Сього́дні ми з дру́зями _____ ціка́вий фільм в кіно́.
2) Куди́ ти _____ ?
3) Коли́ я їду в авто́бусі, я _____ у вікно́.
4) Він _____ на свого́ дру́га.
5) Тури́сти _____ мі́сто.

3. Complete the sentences:

1) В па́рку...
2) В апте́ці...
3) В рестора́ні...
4) В суперма́ркеті...
5) В галере́ї...
6) В ка́сі...
7) В ба́нку...
8) В кіно́...
9) На по́шті...
10) В бібліоте́ці...

а) ... я надсила́ю листи́.
б) ... я купу́ю проду́кти.
в)... я купу́ю квитки́ в теа́тр.
г) ... я купу́ю лі́ки.
ґ) ... я беру́ кни́ги.
д) ... я обмі́нюю гро́ші.
е) ... я гуля́ю та відпочива́ю.
є) ... я дивлю́ся на карти́ни.
ж) ... я дивлю́ся фі́льми.
з) ... я вече́ряю.

РОЗДІЛ 6: ПРОДУКТИ. FOOD

Answer the questions:

1) Яка́ твоя́ улю́блена стра́ва?
2) Яки́й твій улю́блений напі́й?
3) Які́ фру́кти ти лю́биш?
4) Яку́ ї́жу ти люби́в/люби́ла в дити́нстві?
5) Що у те́бе зазвича́й на сніда́нок?
6) Де ти сні́даєш?
7) Де ти купу́єш проду́кти?
8) Що ти лю́биш замовля́ти в рестора́ні?
9) Ти лю́биш готува́ти? Що ти лю́биш готува́ти?
10) Яки́й твій улю́блений десе́рт?

1. Write the verbs in the brackets into the present tense:

1) Вони́ за́вжди́ (сні́дати) вдо́ма.
2) На сніда́нок я (пи́ти) чай.
3) Ді́ти (ї́сти) в шкільні́й їда́льні.
4) Вона́ пізно (вече́ряти).
5) Мій друг (обі́дати) на робо́ті.
6) Що Ви (замовля́ти) в рестора́ні?
7) Що ти (пи́ти) вве́чері: чай чи ка́ву?
8) Її́ ма́ма ду́же сма́чно (готува́ти).
9) Сього́дні я (обі́дати) з дру́зями.
10) Ми за́вжди́ (вече́ряти) ра́зом.

2. Що солоне? (What is salty?) Що солодке? (What is sweet?) Що кисле? (What is sour?)

borщ, торт, макаро́ни, лимо́н, котле́та, цуке́рка, шокола́д, кефі́р, суп

соло́не	соло́дке	ки́сле
соло́ний борщ	соло́дкий	

3. Put the nouns in the brackets into the Instrumental case:

1) чай з (бутербро́д)
2) бутербро́д з (сир)
3) м'я́со з (сала́т)
4) варе́ники з (карто́пля)
5) борщ зі (смета́на)
6) ка́ва з (цу́кор)
7) суп з (мо́рква)
8) сала́т з (помідо́ри)
9) ті́стечко з (шокола́д)
10) торт з (горі́хи)

Make your sentences with these phrases.

РОЗДІЛ 7: ОДЯГ ТА ПОГОДА. CLOTHING AND WEATHER

Answer the questions:

1) Де ти купу́єш о́дяг?
2) Тобі́ подо́бається купува́ти о́дяг?
3) Ти ди́вишся прогно́з пого́ди?
4) Яки́й о́дяг ти но́сиш взи́мку?
5) Яка́ твоя́ улю́блена пого́да?
6) Тобі́ подо́бається дощ?
7) Яка́ пого́да в твоє́му мі́сті влі́тку?
8) Яки́й о́дяг ти носи́в/носи́ла в дити́нстві?
9) У те́бе є парасо́лька?
10) Ти купу́єш о́дяг в Інтерне́ті?

1. Match the clothes and the weather:

1) Футбо́лка, шо́рти, пана́ма та санда́лі.
2) Плащ, чо́боти та парасо́лька.
3) Пальто́, рукави́ці, шарф і ша́пка.
4) Костю́м, соро́чка та крава́тка.
5) Спорти́вні штани́ та кросі́вки.
6) Джи́нси та футбо́лка.

а) Холо́дний зимо́вий день.
б) Жа́ркий лі́тній день.
в) Дощова́ пого́да.
г) Неформа́льна зу́стріч.
ґ) Спорти́вне тренува́ння.
д) Ділова́ зу́стріч.

2. Which word doesn't fit?

1) си́ній, зеле́ний, комфо́ртний, черво́ний, жо́втий
2) бе́резень, о́сінь, весна́, лі́то, зима́
3) кросі́вки, санда́лі, чо́боти, ту́флі, су́кні
4) штани́, ма́йка, шо́рти, джи́нси
5) окуля́ри, светр, шкарпе́тки, су́кня, пальто́
6) дощ, ві́тер, сніг, ша́пка, моро́з

3. Make the sentences:

1) Я – купува́ти – о́дяг – в – магази́н.
2) Він – хотіти – приміря́ти – ця – футбо́лка.
3) Влі́тку – я – носи́ти – шо́рти – та – санда́лі.
4) Він – одяга́ти – ділови́й – костю́м – на – робо́та.
5) Мій – по́друга – люби́ти – купува́ти – о́дяг – в – Інтерне́т.

4. Put the adjectives into the correct form:

1) (те́пл**ий**) день
2) (га́рн**ий**) пого́да
3) (весня́н**ий**) дощ
4) (весе́л**ий**) на́стрій
5) (спеко́тн**ий**) краї́на
6) (натура́льн**ий**) ткани́ни
7) (кори́чнев**ий**) джи́нси
8) (те́пл**ий**) штани́
9) (фіоле́тов**ий**) спідни́ця
10) (зручн**и́й**) о́дяг

РОЗДІЛ 8: ЩОДЕННІ СПРАВИ. DAILY AFFAIRS

Answer the questions:

1) Що ти лю́биш роби́ти вра́нці?
2) Що ти лю́биш роби́ти вдень?
3) Що ти лю́биш роби́ти вве́чері?
4) Що ти ро́биш щодня́?
5) Що ти ро́биш ча́сто?
6) Як ча́сто ти працю́єш за комп'ю́тером?
7) Як ча́сто ти гуля́єш в па́рку?
8) Як ча́сто ти чита́єш кни́ги?
9) Де ти зазвича́й сні́даєш/обі́даєш/вече́ряєш?
10) Що ти ро́биш пі́сля сніда́нку?

1. Write the verbs in the brackets in the present tense:

1) Мій друг завжди́ (прокида́тися) ра́но.
2) Він ніко́ли не (роби́ти) заря́дку.
3) Ми ча́сто (сні́дати) в кафе́.
4) Зазвича́й мої дру́зі (вече́ряти) вдо́ма.
5) Гали́на (працюва́ти) в о́фісі цілий день, вона́ (обі́дати) на робо́ті.
6) Я завжди́ (прийма́ти) душ вранці.
7) Він (готува́ти) смачни́й сніда́нок.
8) Ми бага́то (працюва́ти) та га́рно (відпочива́ти).
9) Де Ви (вече́ряти) зазвича́й?
10) Мої дру́зі бага́то (чита́ти).

2. Match the words and write your sentences with the pairs:

1) вихідни́й   а) душ
2) прийма́ти   б) робо́ту
3) джа́зова   в) день
4) закі́нчувати   г) зу́би
5) чи́стити   ґ) му́зика

3. Here are some sentences about Taras. And how about you?

Model: Тара́с щодня́ ро́бить заря́дку.
- Я теж щодня́ роблю́ заря́дку.
- А я ніко́ли не роблю́ заря́дку.
- Я і́ноді роблю́ заря́дку.

1) Тара́с щодня́ вигу́лює соба́ку.
2) Тара́с щодня́ прийма́є душ та чи́стить зу́би.
3) Тара́с прокида́ється ра́но вра́нці.
4) Тара́с за́вжди сні́дає вдо́ма.
5) Тара́с відпочива́є пі́сля робо́ти.
6) Тара́с щодня́ хо́дить в кіно́ з дру́зями.
7) Тара́с зазвича́й вече́ряє в рестора́ні.
8) Тара́с працю́є в о́фісі.

РОЗДІЛ 9: ЗОВНІШНІСТЬ ТА ХАРАКТЕР APPEARANCE AND CHARACTER

Answer the questions:

1) Яко́го ко́льору у те́бе о́чі?
2) Яки́й хара́ктер в твого́ найкра́щого дру́га?
3) Коли́ у те́бе га́рний на́стрій?
4) Коли́ у те́бе пога́ний на́стрій?
5) Коли́ лю́ди бува́ють весе́лими?
6) Коли́ лю́ди бува́ють сумни́ми?
7) Що ро́бить тебе́ енергі́йним/ енергі́йною?
8) Що ти ро́биш, коли́ тобі́ су́мно?
9) Що ро́бить тебе́ щасли́вим/ щасли́вою?
10) Для те́бе важли́ва зо́внішність? Чому́?

1. Кого ти бачиш? Put the phrases into the Accusative case:

Я ба́чу:

1) га́рна споко́йна ді́вчина
2) висо́кий сумни́й хло́пець
3) стари́й діду́сь
4) мої́ старі́ дру́зі
5) висо́ка огря́дна жі́нка
6) молода́ прива́блива ді́вчина
7) до́бра енергі́йна бабу́ся
8) мале́нький весе́лий хло́пчик
9) щасли́ві ді́ти
10) сі́рі вели́кі слони́

2. Who is who? Find the descriptions of these people:

1) У ньо́го пряме́ коро́тке воло́сся, невели́кий ніс, мале́нький рот та ву́ха.

2) У не́ї кру́гле обли́ччя, до́вгі вії, мале́нькі ву́ха та коро́тке кучеря́ве воло́сся.

3) Її воло́сся пряме́, до́вге та світле. У не́ї вели́кі о́чі, прями́й ніс та тонкі́ вії.

4) У ньо́го кру́гле обли́ччя, коро́тке те́мне воло́сся, ву́са та мо́дна борода́.

5) У ньо́го те́мне коро́тке воло́сся, вели́кий кирпа́тий ніс. Він лю́бить носи́ти сере́жки.

6) У не́ї те́мне воло́сся та мале́нький ніс. У не́ї пога́ний зір, тому́ вона́ но́сить окуля́ри. Сього́дні вона́ вто́млена.

РОЗДІЛ 10: ТРАНСПОРТ ТА ПОДОРОЖІ
TRANSPORT AND TRAVEL

Answer the questions:

1) Тобі подóбається подорожувáти?
2) Яки́й твій улю́блений вид трáнспорту?
3) В яки́х краї́нах ти був/ булá?
4) Де ти купýєш квитки́ на літáк?
5) Тобі подóбається подорожувáти пішки?
6) З ким ти подорожýєш?
7) Як ти планýєш пóдорож?
8) Ти читáєш ві́дгуки в Інтернéті?
9) Де ти зазвичáй зупиня́єшся під час пóдорожі?
10) Що ти зáвжди берéш із собóю у пóдорож?

1. Insert the correct form of the verb "подорожувати" in the Present Tense:

подорожувáти (Present Tense)

я подорожýю	ми подорожýємо
ти подорожýєш	ви подорожýєте
він/вона подорожýє	вони подорожýють

1) Йогó батьки́ _____ маши́ною.
2) Я рі́дко _____ літакóм.
3) Ми _____ вдвох.
4) Коли́ Антóн _____, він зáвжди весéлий.
5) Ви вже дóвго _____.
6) Як ти _____ : маши́ною чи пóтягом?

2. Оля подорожує. (Olia is travelling.) Що вона робить спочатку? (What is she doing first?) Put the sentences in the right order:

- Я броню́ю готе́ль.
- Я обира́ю мі́сто.
- Я ї́ду в аеропо́рт.
- Я йду́ диви́тися мі́сто!
- Я купу́ю квитки́ на літа́к.
- Я реєстру́юся на рейс онла́йн.
- Я залиша́ю ре́чі в готе́лі.
- Я лечу́ в літаку́!
- Я замовля́ю таксі́ з аеропо́рту в готе́ль.
- Я чита́ю ві́дгуки в Інтерне́ті.

3. Write the verbs in the brackets in the present tense:

1) Я (купува́ти) квитки́ на по́тяг онла́йн.
2) Ми (люби́ти) подорожува́ти по Украї́ні.
3) Він до́вго (планува́ти) свою́ по́дорож до Півде́нної Аме́рики.
4) Вона́ (бронюва́ти) житло́ заздалегі́дь.
5) Сайт цього́ готе́лю не (працюва́ти).
6) Вони́ за́раз (збира́ти) валі́зи.
7) Ти (сні́дати) в готе́лі?
8) У відпу́стці я (лежа́ти) на пля́жі та (пла́вати) в мо́рі.
9) Мої дру́зі ча́сто (мандрува́ти).
10) Де (знахо́дитися) ваш готе́ль?

ANSWERS

РОЗДІЛ 1

1. 1) моє місто 2) моя родина 3) мій батько 4) моя сестра 5) моя кішка 6) мій пес 7) моя мати 8) моє ім'я 9) мій друг 10) моя подруга

2. 1) живеш, живу 2) живе 3) живемо 4) живуть 5) живете 6) любите 7) люблю 8) любиш 9) любить 10) любимо

3. 1) г) 2) а) в) 3) г) 4) б) 5) all the variants are possible

РОЗДІЛ 2

1. 1) моя книга 2) його гаманець 3) твої гроші 4) її зошит 5) ваш комп'ютер 6) їхні документи 7) мій рюкзак 8) наш ноутбук 9) моя сумка 10) ваша ручка

2. 1) цікава книга 2) зелена чашка 3) важкий рюкзак 4) великі словники 5) жовтий гаманець 6) улюблене фото 7) дитяча газета 8) білий олівець

3. 1) Він лежить у кишені. 2) Вони лежать у валізі. 3) Він купує продукти у супермаркеті. 4) Стаття у газеті. 5) Вони лежать в рюкзаку.

РОЗДІЛ 3

1. 1) Я часто танцюю. 2) На вихідних він читає книги. 3) Вона добре грає на гітарі. 4) Ми щодня бігаємо у парку. 5) Мені подобається кататися на велосипеді. 6) Я зараз розмовляю з другом. 7) У неділю вони ходять в кіно. 8) Я знаю українську мову. 9) Що ти робиш завтра? 10) Ви часто слухаєте музику?

РОЗДІЛ 4

1. 1) д) 2) г 3) а) 4) є) 5) б) 6) е) 7) в) 8) ґ)

3. 1) зручне крісло 2) старий будинок 3) затишна квартира 4) декоративна подушка 5) спокійне місце

РОЗДІЛ 5

1. 1) Який це фільм? 2) Який це аеропорт? 3) Яка це галерея? 4) Який це парк? 5) Які це листівки? 6) Який це музей? 7) Який це будинок? 8) Яке це місто? 9) Яка це вулиця? 10) Яка це кав'ярня?

2. 1) ми дивимось 2) ти дивишся 3) я дивлюсь 4) він дивиться 5) туристи (вони) дивляться

3. 1) е) 2) г) 3) з) 4) б) 5) є) 6) в) 7) д) 8) ж) 9) а) 10) ґ)

РОЗДІЛ 6

1. 1) Вони завжди снідають вдома. 2) На сніданок я п'ю чай. 3) Діти їдять в шкільній їдальні. 4) Вона пізно вечеряє. 5) Мій друг обідає на роботі. 6) Що Ви замовляєте в ресторані? 7) Що ти п'єш ввечері: чай чи каву? 8) Її мама дуже смачно готує. 9) Сьогодні я обідаю з друзями. 10) Ми завжди вечеряємо разом.

2.

солоне	солодке	кисле
солоний борщ солоні макарони солона котлета солоний суп	солодкий торт солодка цукерка солодкий шоколад	кислий лимон кислий кефір

3. 1) чай з бутербродом 2) бутерброд з сиром
3) м'ясо з салатом 4) вареники з картоплею
5) борщ зі сметаною 6) кава з цукром
7) суп з морквою 8) салат з помідорами
9) тістечко з шоколадом 10) торт з горіхами

РОЗДІЛ 7
1. 1) б) 2) в) 3) а) 4) д) 5) г) 6) ґ)

2. 1) комфортний 2) березень 3) сукні 4) майка 5) окуляри
6) шапка

3. 1) Я купую одяг в магазині. 2) Він хоче приміряти цю
футболку. 3) Влітку я ношу шорти та сандалі.
4) Він одягає діловий костюм на роботу.
5) Моя подруга любить купувати одяг в Інтернеті.

4. 1) теплий день 2) гарна погода 3) весняний дощ
4) веселий настрій 5) спекотна країна 6) натуральні
тканини 7) коричневі джинси 8) теплі штани
9) фіолетова спідниця 10) зручний одяг

РОЗДІЛ 8
1. 1) прокидається 2) робить 3) снідаємо 4) вечеряють 5)
працює, обідає 6) приймаю 7) готує 8) працюємо,
відпочиваємо 9) вечеряєте 10) читають

2. 1) в 2) а 3) г 4) б 5) г

РОЗДІЛ 9
1. 1) гарну спокійну дівчину 2) високого сумного хлопця
3) старого дідуся 4) моїх старих друзів

5) високу огрядну жінку 6) молоду привабливу дівчину

7) добру енергійну бабусю

8) маленького веселого хлопчика

9) щасливих дітей 10) сірих великих слонів

2. 1) Діма 2) Ніна 3) Таня 4) Остап 5) Павло 6) Ірина

РОЗДІЛ 10

1. 1) Його батьки подорожують машиною. 2) Я рідко подорожую літаком. 3) Ми подорожуємо вдвох.

4) Коли Антон подорожує, він завжди веселий. 5) Ви вже довго подорожуєте. 6) Як ти подорожуєш: машиною чи потягом?

2.

1) Я обираю місто.

2) Я читаю відгуки в Інтернеті.

3) Я купую квитки на літак.

4) Я бронюю готель.

5) Я реєструюся на рейс онлайн.

6) Я їду в аеропорт.

7) Я лечу в літаку!

8) Я замовляю таксі з аеропорту в готель.

9) Я залишаю речі в готелі.

10) Я йду дивитися місто!

3. 1) Я купую квитки на потяг онлайн. 2) Ми любимо подорожувати по Україні. 3) Він довго планує свою подорож до Південної Америки. 4) Вона бронює житло заздалегідь. 5) Сайт цього готелю не працює. 6) Вони зараз збирають валізи. 7) Ти снідаєш в готелі? 8) У відпустці я лежу на пляжі та плаваю в морі. 9) Мої друзі часто мандрують. 10) Де знаходиться ваш готель?

Made in the USA
Monee, IL
12 January 2022